A través de estas historias, los pequeños lectores podrán explorar la aventura de visitar una granja, experimentar la sensación de tener superpoderes, disfrutar de frutas y verduras, y descubrir la importancia de cuidar su microbiota. Cada cuento convierte la alimentación en un juego saludable, enseñándoles a equilibrar un plato de alimentos, comparando hábitos del pasado con los actuales, y desafiándose a comprender el etiquetado y los símbolos de la industria alimentaria. Este viaje narrativo les mostrará cómo una buena alimentación puede transformar sus vidas, fortaleciendo su cuerpo y su mente.

Valores implícitos

Estos cuentos, pensados para niños de segundo ciclo de primaria, están diseñados para empoderarlos y hacerles descubrir que la alimentación es un arte. Aprenderán que tienen el poder de tomar decisiones saludables, desarrollando así la confianza y el conocimiento necesario para cuidar de su bienestar.

El poder de la alimentación

© del texto: Claudia Di Césare
© de las ilustraciones: Creatidibu
© del diseño y corrección: Equipo BABIDI-BÚ

© de esta edición:
Editorial BABIDI-BÚ, 2025
Avda. San Francisco Javier, 9, 6ª, 23
Edificio Sevilla 2
41018 - SEVILLA
Tlfn: 912.665.684
info@babidibulibros.com
www.babidibulibros.com

Impreso en España
Primera edición: junio, 2025

ISBN: 979-13-87821-03-6
Depósito Legal: SE 798-2025

El Poder
de la
Alimentación

Claudia Di Césare   Ilustrado por Creatidibu

CACAO PURO

100% NATURAL

PROTEÍNAS

Quiero hamburguesa

¿Qué haría yo sin una hamburguesa gigante y patatas fritas o deluxe? ¿Elijo helado de postre o fruta? No lo entiendo, si están más buenas las chuches del quiosco y las galletas del supermercado, esas dobles con relleno y cobertura de chocolate, o las mini cookies que me encantan, ¿por qué me comería una fruta? Mamá dice que hoy tengo premio y que me llevará a comer una hamburguesa, pero que debo comer sano. Y, antes de ir a la hamburguesería, me ha llevado a visitar una granja. Me he quedado maravillado. Estuve recogiendo en una cesta los huevos de las gallinas, cuando yo pensaba que los pollos y las gallinas salían del supermercado. Les di de comer a los cerdos y, con ayuda, pude ordeñar a una vaca. ¡Qué guay! Esa leche que tomamos todos los días sale de esas vacas enormes, a las que cuidan mucho en la granja para que la leche sea de calidad. También había un huerto con frutas y verduras.

Cosechamos fresas y cortamos tomates, sacamos lechugas de los surcos y naranjas de los árboles. Luego nos

invitaron a preparar una merienda con lo que habíamos recogido. Lavamos todo muy bien e hicimos zumo y una buena ensalada, a la que agregamos queso que preparamos en la granja con la leche de las cabras. Normalmente no la pruebo en casa, siempre le digo a mamá que no quiero eso, que «de lo que come el grillo, poquillo», como dicen. Estaba deliciosa, llena de color y frescura; tenía de todo. Parecía que las vitaminas me decían «hola» y estaban felices de que me las llevara a la boca. Había un horno de leña, y nos invitaron a preparar pan casero con masa madre, que nos explicaron lo que era, y cocerlo en él.

¡Cuántas cosas he descubierto hoy! Fue muy divertido hacer pan con formas; el mío era un tren que, después de hornearlo, parecía un globo de tanto que creció. Lo comimos con aceite de oliva, que también preparan en ese lugar, y con mermelada casera de los melocotones del huerto; también tomamos un Cola Cao con la leche que habíamos ordeñado.

Me pareció un día de fábula, parecía que no era real. Después de la excursión, hablamos con mamá de los alimentos naturales y de los alimentos procesados que hay en el supermercado y en los lugares de comida rápida. Siempre me enfadaba con mamá, pero, después de esta experiencia, comprendí que en el campo, en las granjas y en los huertos, la comida no viene envasada; es fresca, es natural, y esa es la que necesita nuestro cuerpo para crecer fuerte y saludable.

Pide a tu familia que te lleve a visitar una granja o un huerto. Los colores, los olores, las frutas y verduras, sin venenos, sin nada que nos enferme, y todo cuidado con mucho cariño. El pan y los dulces, sin conservantes.

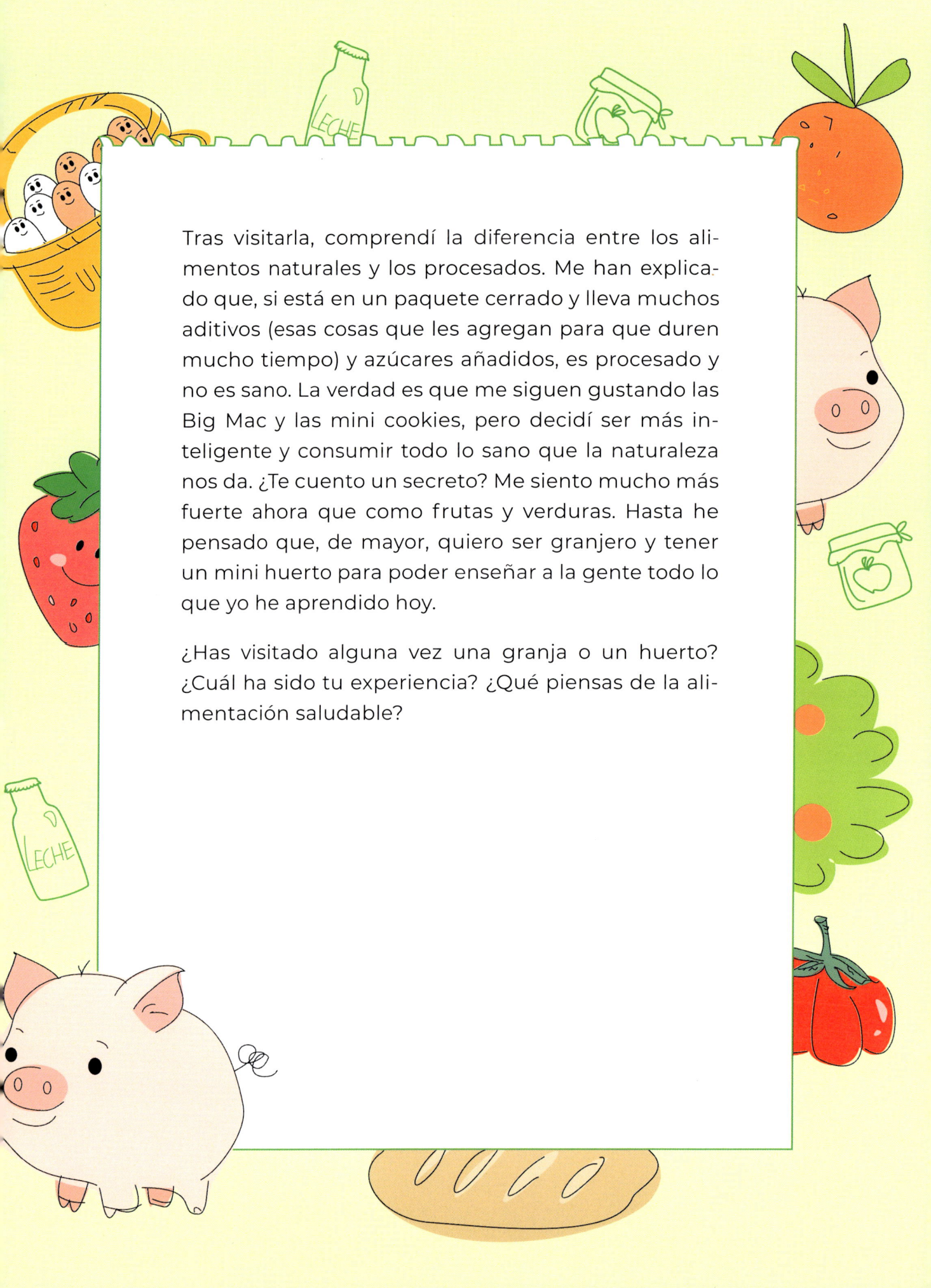

Tras visitarla, comprendí la diferencia entre los alimentos naturales y los procesados. Me han explicado que, si está en un paquete cerrado y lleva muchos aditivos (esas cosas que les agregan para que duren mucho tiempo) y azúcares añadidos, es procesado y no es sano. La verdad es que me siguen gustando las Big Mac y las mini cookies, pero decidí ser más inteligente y consumir todo lo sano que la naturaleza nos da. ¿Te cuento un secreto? Me siento mucho más fuerte ahora que como frutas y verduras. Hasta he pensado que, de mayor, quiero ser granjero y tener un mini huerto para poder enseñar a la gente todo lo que yo he aprendido hoy.

¿Has visitado alguna vez una granja o un huerto? ¿Cuál ha sido tu experiencia? ¿Qué piensas de la alimentación saludable?

Superpoderes

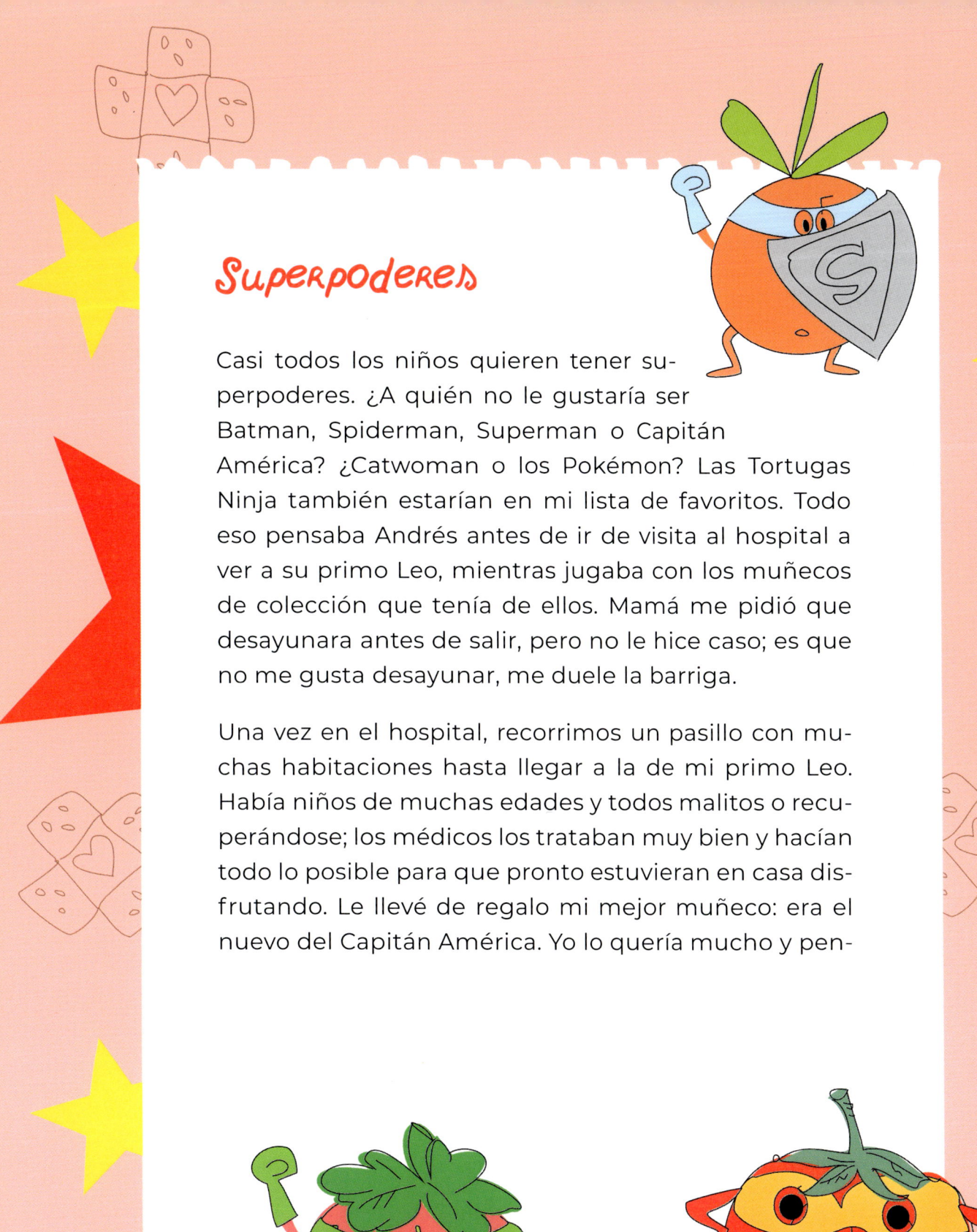

Casi todos los niños quieren tener su-perpoderes. ¿A quién no le gustaría ser Batman, Spiderman, Superman o Capitán América? ¿Catwoman o los Pokémon? Las Tortugas Ninja también estarían en mi lista de favoritos. Todo eso pensaba Andrés antes de ir de visita al hospital a ver a su primo Leo, mientras jugaba con los muñecos de colección que tenía de ellos. Mamá me pidió que desayunara antes de salir, pero no le hice caso; es que no me gusta desayunar, me duele la barriga.

Una vez en el hospital, recorrimos un pasillo con mu-chas habitaciones hasta llegar a la de mi primo Leo. Había niños de muchas edades y todos malitos o recu-perándose; los médicos los trataban muy bien y hacían todo lo posible para que pronto estuvieran en casa dis-frutando. Le llevé de regalo mi mejor muñeco: era el nuevo del Capitán América. Yo lo quería mucho y pen-

Me quedé como una estatua viendo cómo se comía toda esa bandeja con comida y bebía un gran vaso de agua. Le pregunté qué le había pasado, qué medicina mágica le habían dado en el hospital para que le gustara esa comida que a mí me daba ganas de vomitar. Leo me contó que se puso muy malito por no comer bien. A él solo le gustaban los nuggets, las patatas fritas y los helados. Su cabeza pensaba que no le gustaban las otras cosas, pero en realidad era que no quería probarlas, porque le apetecía más lo otro. Empezó a perder fuerzas, le dolía mucho la barriga, y tuvieron que llevarlo al hospital para que se mejorara bien.

Ahí una nutricionista, que es la especialista que se encarga de la buena alimentación, le explicó que el cuerpo se parece a un coche. El coche, para funcionar, necesita gasolina; si le pusiéramos agua, leche o Coca-Cola no funcionaría y se rompería. A nuestro cuerpo le pasa lo mismo: no usamos gasolina, pero necesitamos la energía que nos dan los alimentos, y no pueden ser «cualquiera». Tienen que ser variados, contener frutas y verduras, huevos, pescado y carne, y si no le ponemos de eso, no funciona bien, se va enfermando y deja de funcionar.

—Y ¿qué pasa si eso no me gusta? —pregunté.

sé que un superhéroe le vendría bien a Leo para recuperarse pronto.

Llegamos a la hora de su almuerzo. Le pusieron una sopa crema de verduras, huevo revuelto con pescado y ensalada de lechuga y tomate. De postre, una manzana en trocitos y cuatro nueces.

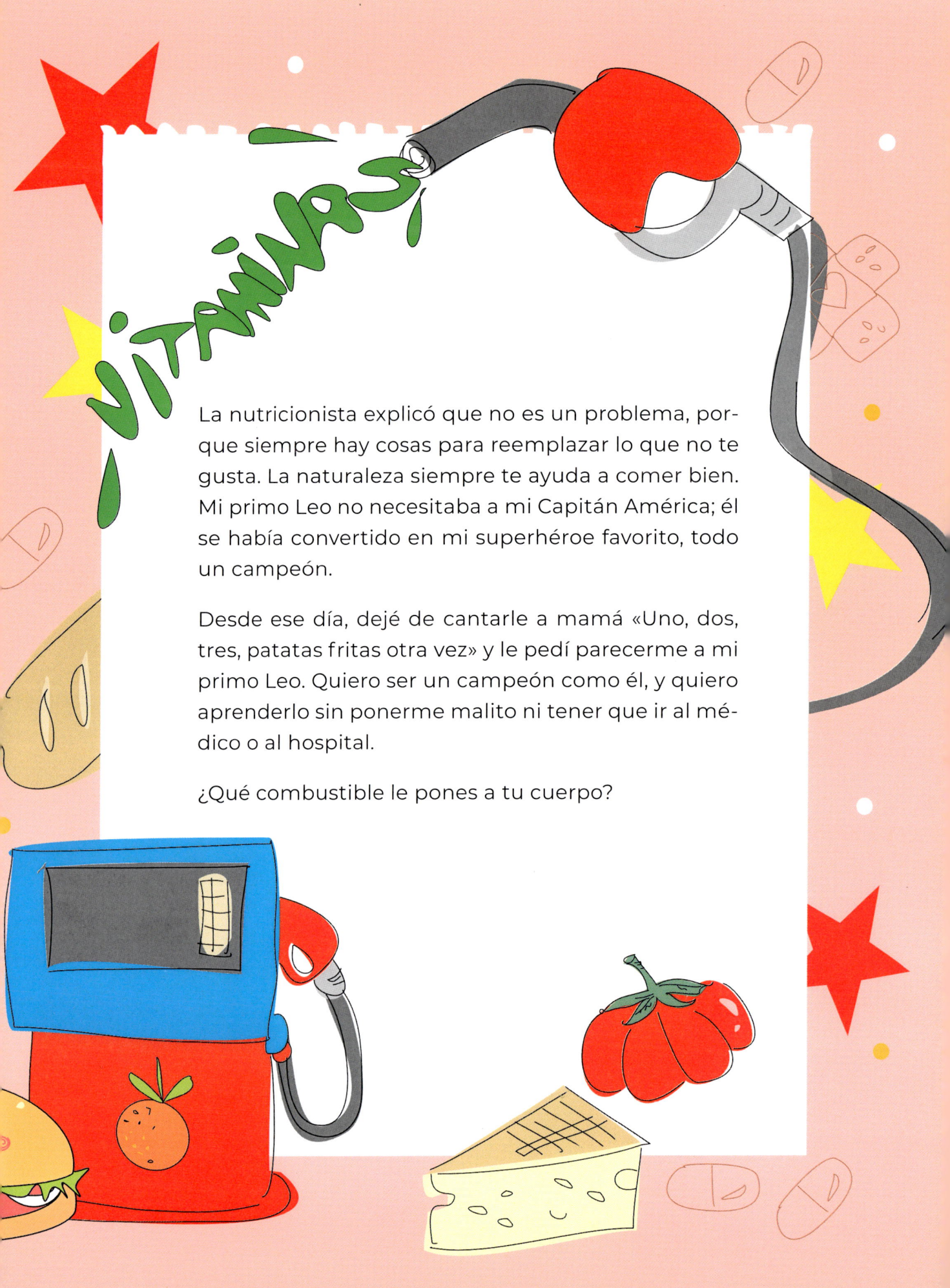

VITAMINAS

La nutricionista explicó que no es un problema, porque siempre hay cosas para reemplazar lo que no te gusta. La naturaleza siempre te ayuda a comer bien. Mi primo Leo no necesitaba a mi Capitán América; él se había convertido en mi superhéroe favorito, todo un campeón.

Desde ese día, dejé de cantarle a mamá «Uno, dos, tres, patatas fritas otra vez» y le pedí parecerme a mi primo Leo. Quiero ser un campeón como él, y quiero aprenderlo sin ponerme malito ni tener que ir al médico o al hospital.

¿Qué combustible le pones a tu cuerpo?

No me gusta, no lo quiero comer

No me gustan las cosas verdes, no las quiero comer. Las hojas crujen, no soporto esa textura. El brócoli parece un mini árbol, las habas, las habichuelas, los guisantes, las espinacas, las acelgas... ¡¡¡qué castigo!!! Mamá no me entiende. Es que no lo puedo tragar.

Visitamos a una nutricionista, que es la especialista en alimentación, y me explicó lo que hacen las verduras verdes en mi cuerpo. Me dijo que esos alimentos son ricos en nutrientes y, por lo tanto, son buenos para el corazón porque lo protegen de enfermedades. También tienen vitaminas, minerales y fibra. Además, fortalecen el sistema inmunológico.

Cuando le pregunté qué era eso, me explicó que el sistema inmunológico es un conjunto de células, tejidos y órganos que, juntos, ayudan al cuerpo a combatir infecciones y otras enfermedades.

Yo no sabía que teníamos eso dentro del cuerpo; Parece que este sistema funciona cuando nos invaden gérmenes, que son como bichitos que quieren enfermarnos. Si nuestro sistema inmunológico está fuerte, los vencemos.

Jésica, la experta en nutrición, me pidió que pensara en un gran rompecabezas, y en cómo cada pieza va encajando en el lugar que le corresponde. Luego me

pidió que pensara que mi cuerpo es ese rompecabezas gigante y que cada parte es importante, porque si faltan piezas, quedaría incompleto, como si me faltara una pierna o un brazo. La alimentación es una gran pieza de ese rompecabezas; si no comemos las verduras que necesitamos, el cuerpo se puede enfermar.

Jésica me preguntó qué me gustaba comer; le conté que un filete empanado y patatas fritas eran mi comida preferida. Me dijo que estaba bien, pero que hacía falta agregar verduras. Que las probara crudas o cocidas, en ensalada o revueltas con huevo, en una sopa, un puré o como mamá quisiera prepararlas. Porque la alimentación no se trata de comer solo lo que más nos gusta; estamos equivocados. Se trata de comer lo que es bueno para crecer sanos y fuertes. Debo comer un poco de verduras cada día, aunque no me gusten; de lo contrario, me puedo enfermar.

Desde hoy, seré más inteligente y haré caso a las recomendaciones de los que saben, comiendo un poco de verduras cada día. No puedo ver mi cuerpo por dentro, pero quiero que esté sano y fuerte.

¿Qué opináis? ¿A quién le gustan las verduras verdes? ¿Quién las comerá porque son necesarias, aunque no le gusten?

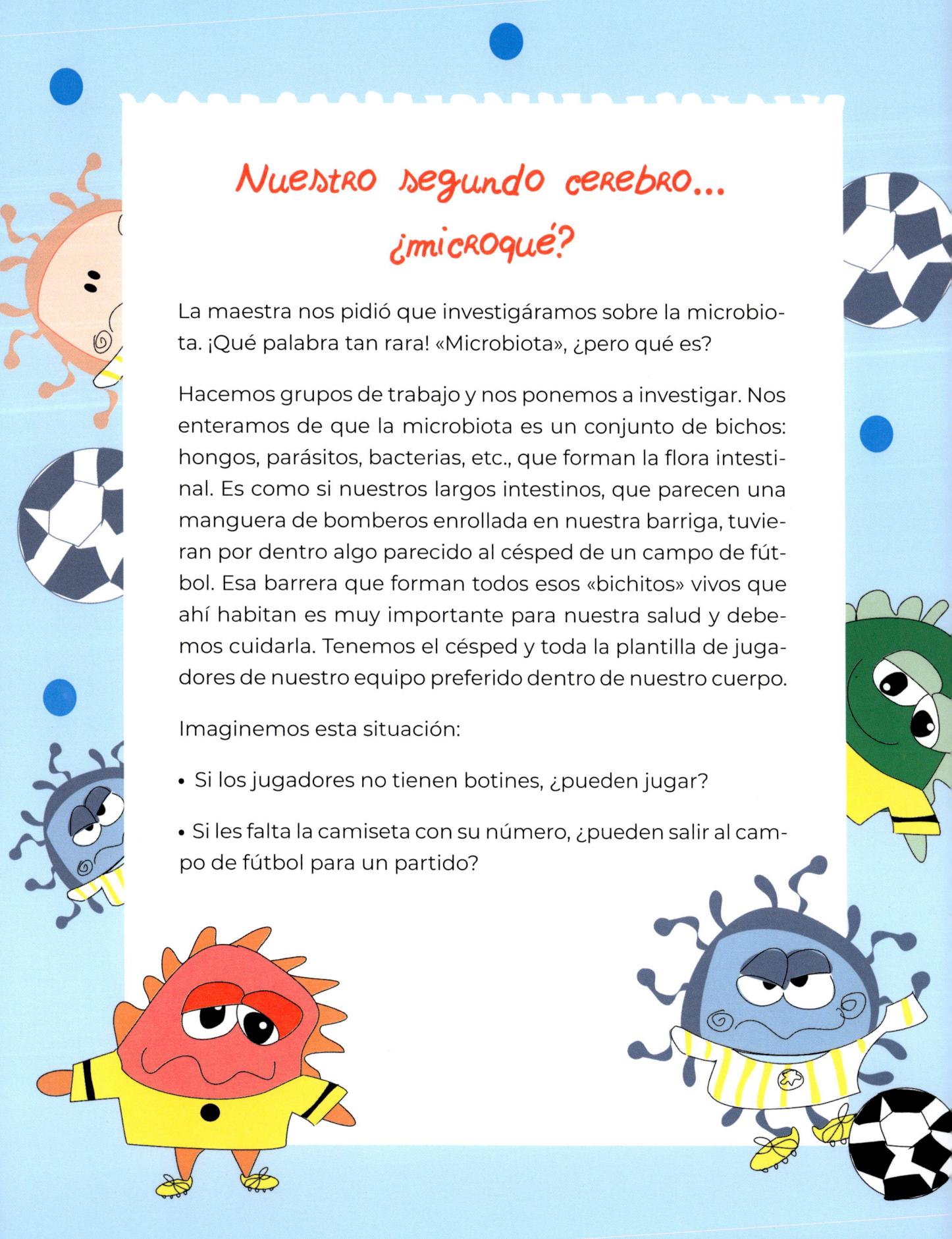

Nuestro segundo cerebro...
¿microqué?

La maestra nos pidió que investigáramos sobre la microbiota. ¡Qué palabra tan rara! «Microbiota», ¿pero qué es?

Hacemos grupos de trabajo y nos ponemos a investigar. Nos enteramos de que la microbiota es un conjunto de bichos: hongos, parásitos, bacterias, etc., que forman la flora intestinal. Es como si nuestros largos intestinos, que parecen una manguera de bomberos enrollada en nuestra barriga, tuvieran por dentro algo parecido al césped de un campo de fútbol. Esa barrera que forman todos esos «bichitos» vivos que ahí habitan es muy importante para nuestra salud y debemos cuidarla. Tenemos el césped y toda la plantilla de jugadores de nuestro equipo preferido dentro de nuestro cuerpo.

Imaginemos esta situación:

• Si los jugadores no tienen botines, ¿pueden jugar?

• Si les falta la camiseta con su número, ¿pueden salir al campo de fútbol para un partido?

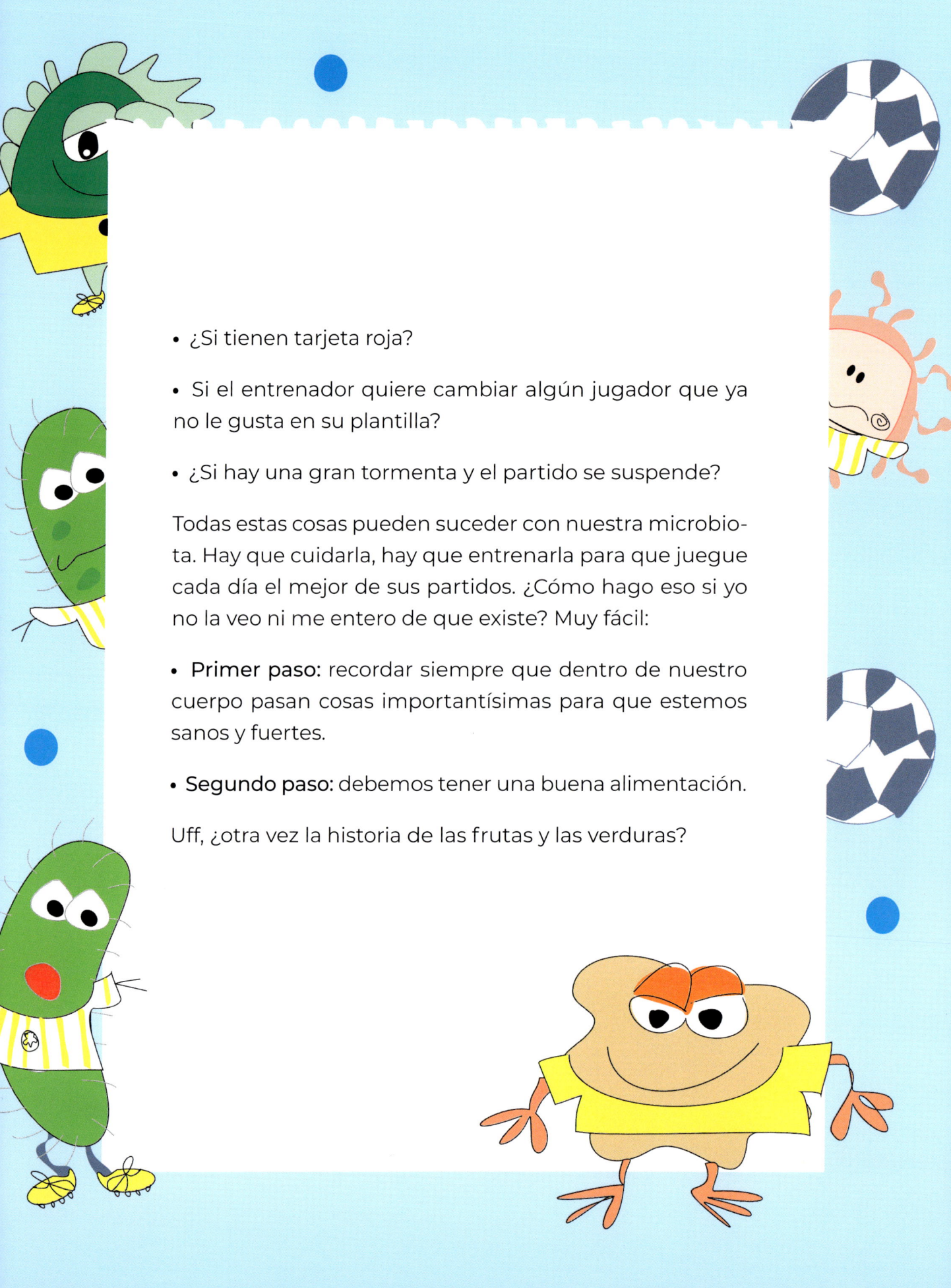

- ¿Si tienen tarjeta roja?

- Si el entrenador quiere cambiar algún jugador que ya no le gusta en su plantilla?

- ¿Si hay una gran tormenta y el partido se suspende?

Todas estas cosas pueden suceder con nuestra microbiota. Hay que cuidarla, hay que entrenarla para que juegue cada día el mejor de sus partidos. ¿Cómo hago eso si yo no la veo ni me entero de que existe? Muy fácil:

- **Primer paso:** recordar siempre que dentro de nuestro cuerpo pasan cosas importantísimas para que estemos sanos y fuertes.

- **Segundo paso:** debemos tener una buena alimentación.

Uff, ¿otra vez la historia de las frutas y las verduras?

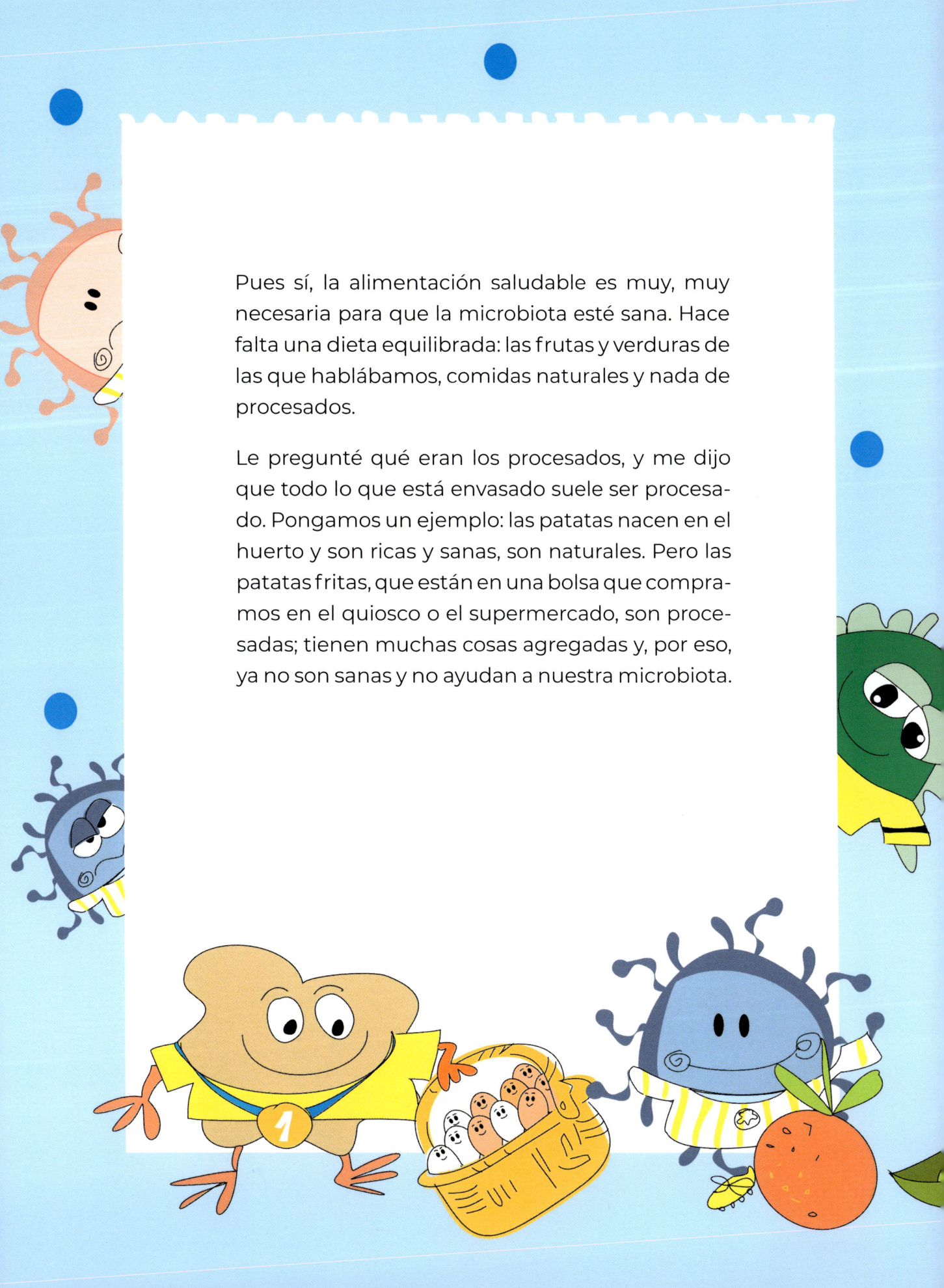

Pues sí, la alimentación saludable es muy, muy necesaria para que la microbiota esté sana. Hace falta una dieta equilibrada: las frutas y verduras de las que hablábamos, comidas naturales y nada de procesados.

Le pregunté qué eran los procesados, y me dijo que todo lo que está envasado suele ser procesado. Pongamos un ejemplo: las patatas nacen en el huerto y son ricas y sanas, son naturales. Pero las patatas fritas, que están en una bolsa que compramos en el quiosco o el supermercado, son procesadas; tienen muchas cosas agregadas y, por eso, ya no son sanas y no ayudan a nuestra microbiota.

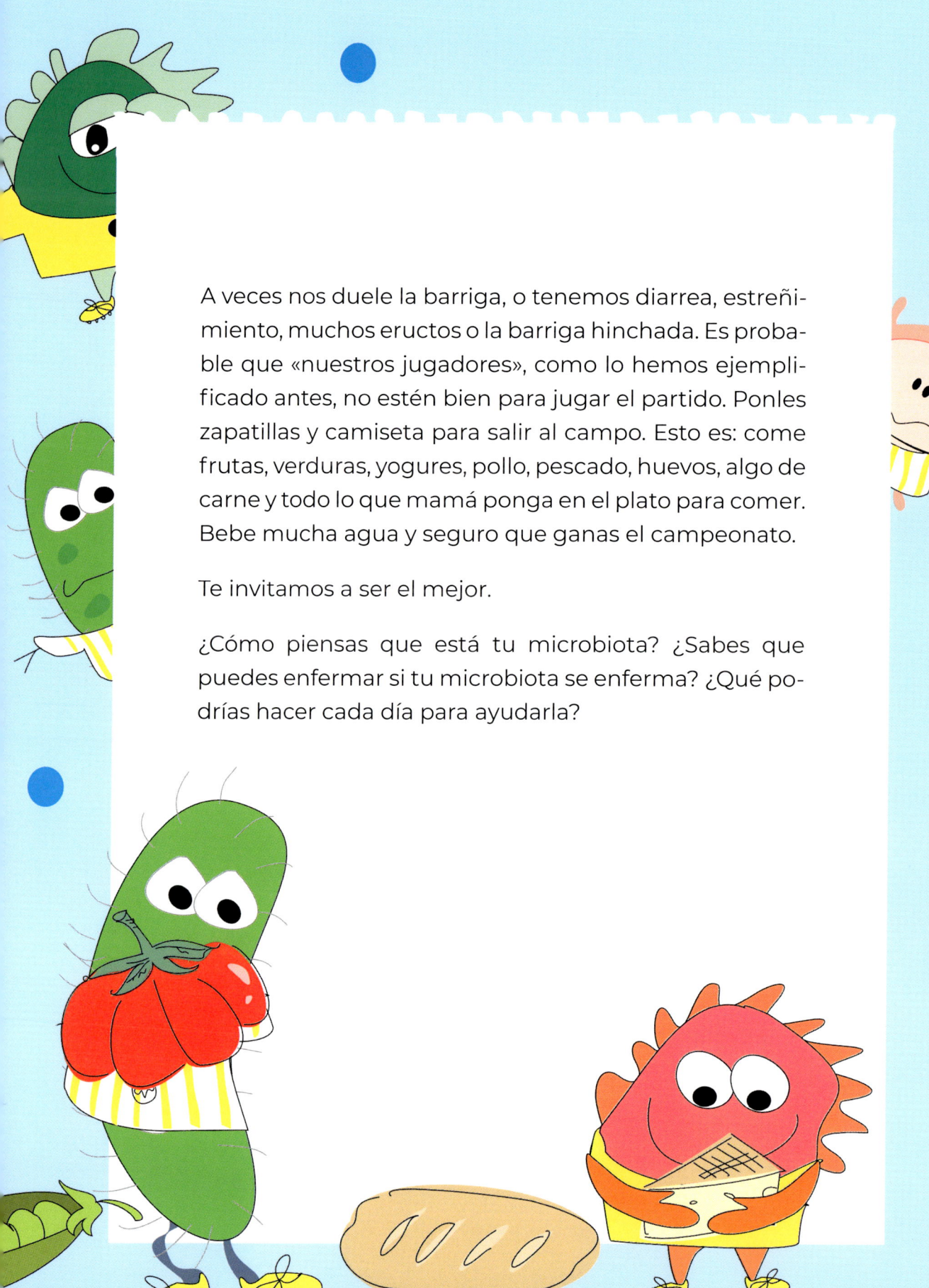

A veces nos duele la barriga, o tenemos diarrea, estreñimiento, muchos eructos o la barriga hinchada. Es probable que «nuestros jugadores», como lo hemos ejemplificado antes, no estén bien para jugar el partido. Ponles zapatillas y camiseta para salir al campo. Esto es: come frutas, verduras, yogures, pollo, pescado, huevos, algo de carne y todo lo que mamá ponga en el plato para comer. Bebe mucha agua y seguro que ganas el campeonato.

Te invitamos a ser el mejor.

¿Cómo piensas que está tu microbiota? ¿Sabes que puedes enfermar si tu microbiota se enferma? ¿Qué podrías hacer cada día para ayudarla?

Arcoíris

¿Cuántos colores tiene el arcoíris? ¿Se te ha ocurrido pensar cómo sería un arcoíris de alimentos? Visitando el mercado con mi tía Ana, vi montones de colores. Fuimos colocando esos colores:

• Verde de las manzanas, los aguacates, los pimientos, las lechugas, las acelgas y el perejil.

• Rojo de la sandía, las fresas, las cerezas y los tomates.

• Rosado de la fruta del dragón y los rabanitos.

• Lila o morado de las uvas, los higos, la col, las berenjenas y los arándanos.

• Anaranjado de las naranjas, los nísperos, las zanahorias, la calabaza y los caquis.

• Amarillo de los plátanos, los melocotones, los pimientos amarillos, los limones y las piñas.

- Blanco de los nabos, los puerros y los ajos.

- ¿Azules? No encontré ninguno. ¿Se te ocurre algo a ti? Parece que en otros países hay maíz azul o patatas azules y algún fruto pequeño parecido a una aceituna en Australia, una variedad de tomate azul y arándanos azules.

- Negro de las aceitunas negras.

Compramos frutas y verduras de cada color y, en casa, formamos un gran arcoíris. No había pensado que la naturaleza nos regala colores a montones; será por algo, ¿no?

Descubrí, con ayuda de mi tía, que comer con colores nos alimenta mejor, ya que cada color nos beneficia con una vitamina o sustancia saludable que no está en otra, y cada una de ellas es importante para nuestro cuerpo, para nuestra microbiota y para que crezcamos sanos y fuertes.

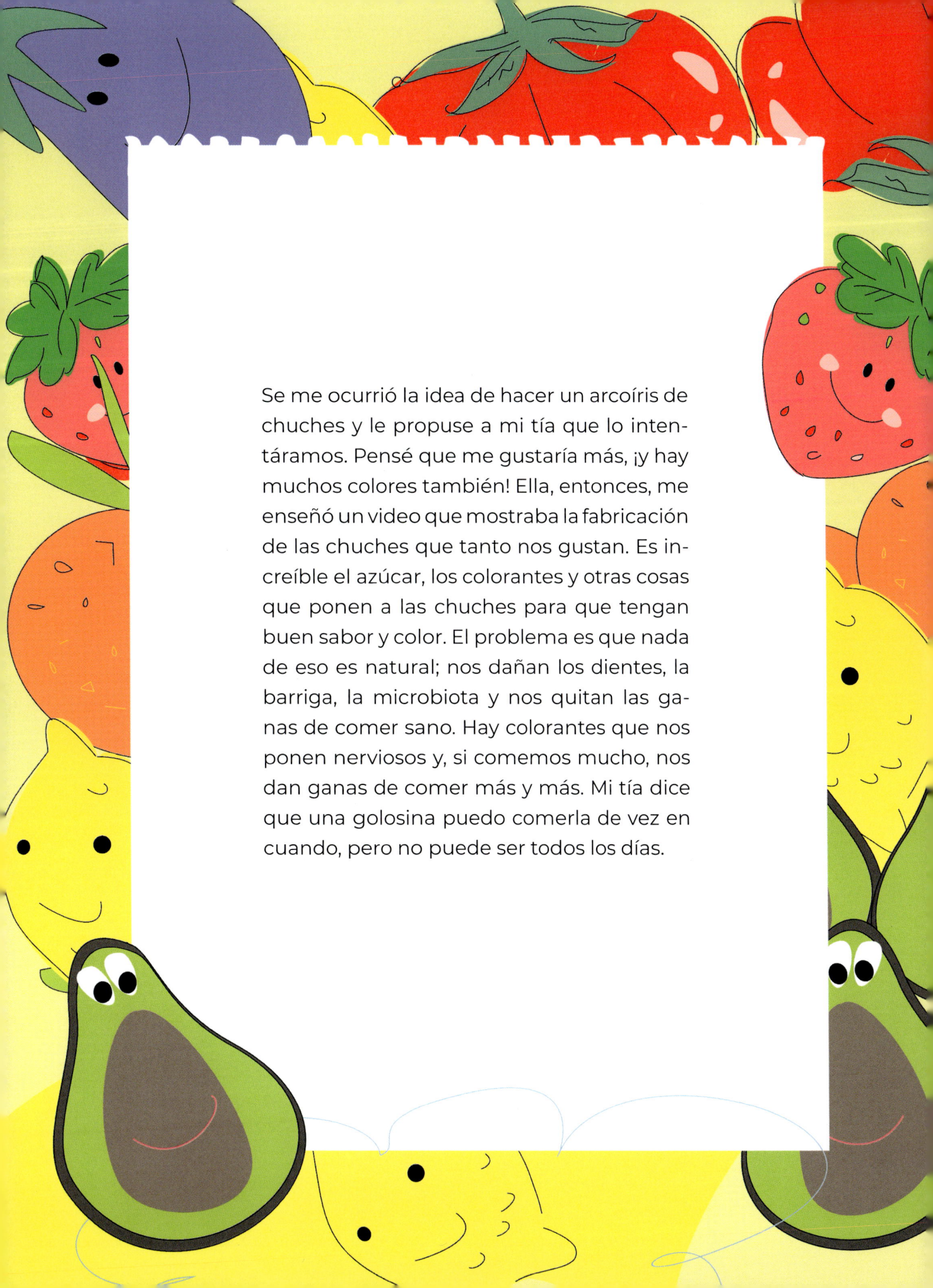

Se me ocurrió la idea de hacer un arcoíris de chuches y le propuse a mi tía que lo intentáramos. Pensé que me gustaría más, ¡y hay muchos colores también! Ella, entonces, me enseñó un video que mostraba la fabricación de las chuches que tanto nos gustan. Es increíble el azúcar, los colorantes y otras cosas que ponen a las chuches para que tengan buen sabor y color. El problema es que nada de eso es natural; nos dañan los dientes, la barriga, la microbiota y nos quitan las ganas de comer sano. Hay colorantes que nos ponen nerviosos y, si comemos mucho, nos dan ganas de comer más y más. Mi tía dice que una golosina puedo comerla de vez en cuando, pero no puede ser todos los días.

Me guste o no, el cuerpo necesita cosas naturales, frescas y sin aditivos (esas cosas que agregan a los alimentos cuando los procesan). Y de azúcar extra, poquito, porque los bichitos del intestino se acostumbran y no trabajan bien.

Hoy he aprendido a comer sano y a llevar la dieta del arcoíris, que es divertida y saludable. Te invitamos a que la pruebes. De lo que disponemos, hay que elegir, y esa es la tarea. ¿Qué opinas?

Orden en mi plato

Llevo un tiempo aprendiendo pautas para una buena alimentación y nutrición. Hoy mi nutricionista me habla sobre el plato de comida. ¿Tenías idea de que hay que dibujarle partes imaginarias? Pues sí, hay que dividir mentalmente el plato por la mitad, como si tuviera una línea imaginaria, y luego volver a partir una de esas dos mitades en dos. El plato quedaría dividido en tres partes: dos iguales y una más grande. ¿Consigues imaginarlo?

Ahora llega el momento de pedirle a mamá que reparta los alimentos en esas partes imaginarias. ¿Cómo se deben repartir? Se hace por grupos de alimentos. Existen tres categorías muy importantes, que son:

- **Hidratos de carbono** (cereales y tubérculos).

- **Proteínas** (carnes, pescados, huevos, legumbres y frutos secos).

- **Vegetales** (hortalizas y verduras crudas o cocidas).

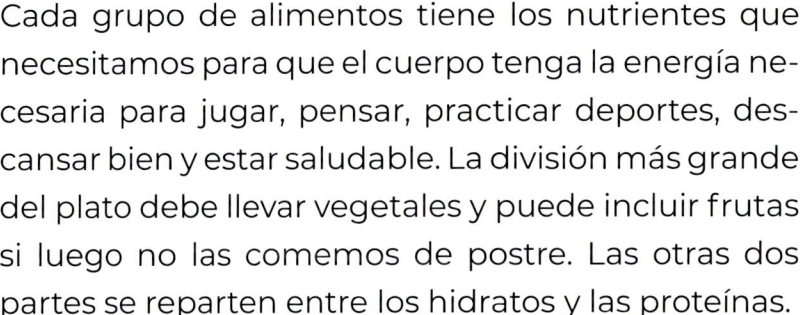

Cada grupo de alimentos tiene los nutrientes que necesitamos para que el cuerpo tenga la energía necesaria para jugar, pensar, practicar deportes, descansar bien y estar saludable. La división más grande del plato debe llevar vegetales y puede incluir frutas si luego no las comemos de postre. Las otras dos partes se reparten entre los hidratos y las proteínas.

Yo no entendía muy bien esto, hasta que Jésica me dibujó varios platos de comida. Puedes hacerlo conmigo si quieres. Por ejemplo:

- Ensalada y/o verduras cocidas, con arroz y pescado.

- Espárragos con huevo y pasta.

- Ensalada con frutas y frutos secos, lentejas y pan.

- Ensalada, pollo y patata asada.

- Brócoli con tomate, carne y pan.

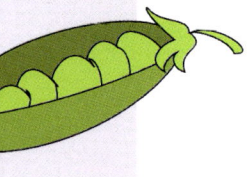

Así podemos elaborar infinidad de platos; solo nos hace falta investigar qué alimentos van en cada grupo. Seguramente las mamás lo saben y pueden ayudarnos. Luego faltaría agregar las frutas y el agua, que es muy importante, ya que nos hidrata y aporta minerales. Con todo esto estaríamos seguros de darle a nuestro cuerpo lo que necesita cada día.

No lo hemos hablado antes, pero hay otra cosa fundamental: nunca olvides el ejercicio físico. Los humanos no estamos hechos para estar tranquilos. Pasamos bastante tiempo ocupados con los móviles, el ordenador, la tablet y la televisión. Un rato cada día está bien, pero solo un rato pequeño; hace falta que nos movamos, que nos de la luz solar y que disfrutemos de la naturaleza. Somos personas sociales, ¡a buscar amigos, hobbies, deportes que nos gusten y así estaremos muy sanos siempre!

- ¿Conoces la técnica de la división imaginaria del plato?

- Te invito a investigar los alimentos de cada grupo para ayudar a mamá en la distribución de los mismos.

- ¿Te gusta hacer ejercicio? ¿En qué ocupas tu tiempo libre?

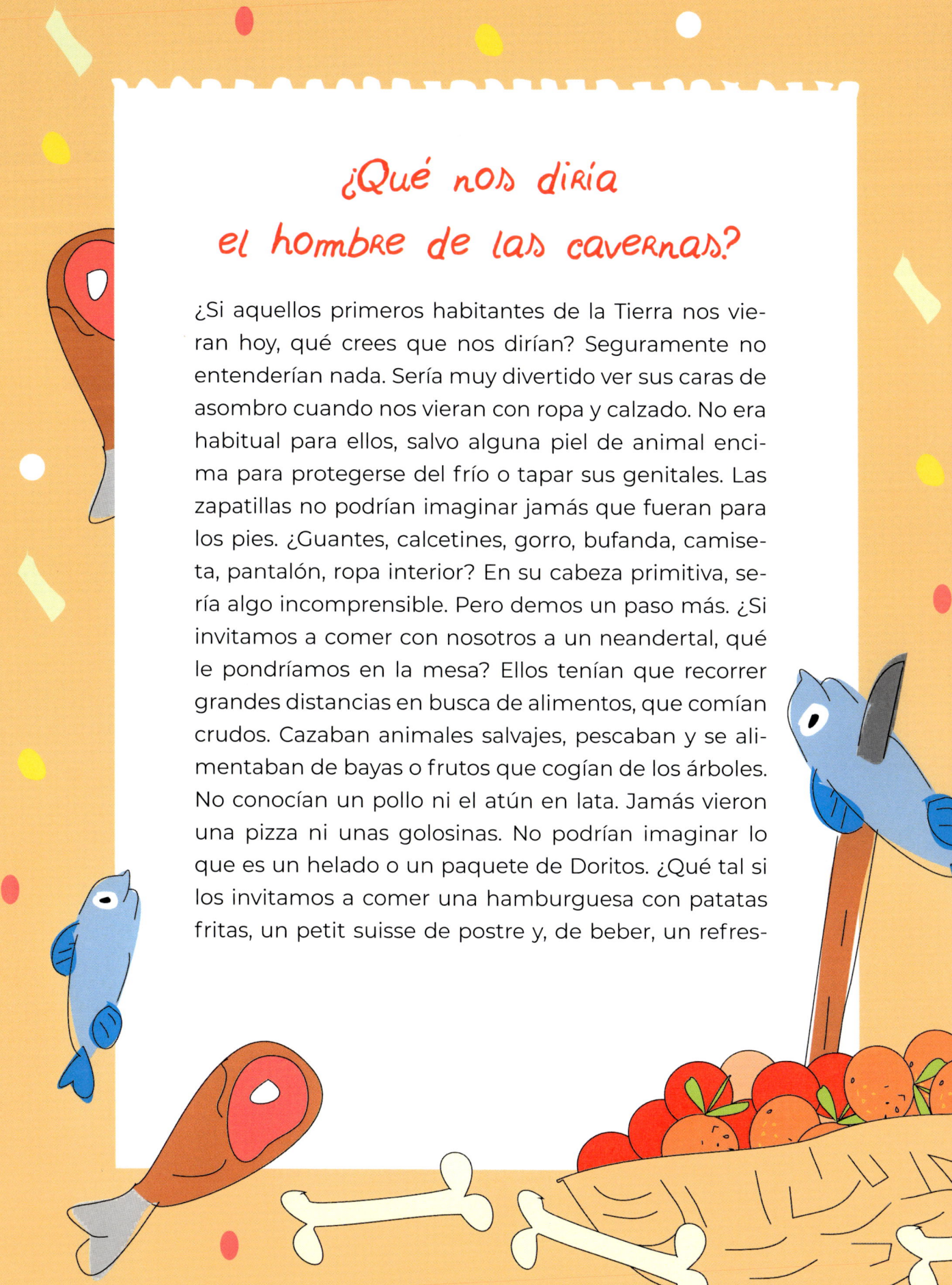

¿Qué nos diría el hombre de las cavernas?

¿Si aquellos primeros habitantes de la Tierra nos vieran hoy, qué crees que nos dirían? Seguramente no entenderían nada. Sería muy divertido ver sus caras de asombro cuando nos vieran con ropa y calzado. No era habitual para ellos, salvo alguna piel de animal encima para protegerse del frío o tapar sus genitales. Las zapatillas no podrían imaginar jamás que fueran para los pies. ¿Guantes, calcetines, gorro, bufanda, camiseta, pantalón, ropa interior? En su cabeza primitiva, sería algo incomprensible. Pero demos un paso más. ¿Si invitamos a comer con nosotros a un neandertal, qué le pondríamos en la mesa? Ellos tenían que recorrer grandes distancias en busca de alimentos, que comían crudos. Cazaban animales salvajes, pescaban y se alimentaban de bayas o frutos que cogían de los árboles. No conocían un pollo ni el atún en lata. Jamás vieron una pizza ni unas golosinas. No podrían imaginar lo que es un helado o un paquete de Doritos. ¿Qué tal si los invitamos a comer una hamburguesa con patatas fritas, un petit suisse de postre y, de beber, un refresco o lo que ustedes quieran imaginarse? Les ponemos todo en una bandeja, con su servilleta para limpiarse la boca y una cuchara para el postre. ¿Se figuran sus caras?, ¿qué creerían que es esa comida? Para ellos, un pescado era un pescado, la carne era solo carne, y los frutos solo eso: frutos. Esta comida que les ofrecemos no la han tenido que ir a buscar ni cazar; está cocida, tiene salsas raras para ellos, no distinguen los sabores ni se atreven a comerla. El petit suisse está en un envase de plástico que creen que se come. ¿La cuchara será comida para ellos? En su época comían con la mano, no existían platos, ni cubiertos, ni vasos ni nada de lo que se usa hoy... ¿Y su cara al beber el refresco con burbujas? Yo creo que lo tirarían asustados, pensando que está vivo. ¡Qué risa nos daría! Con todo esto, ellos eran fuertes, muy fuertes, y tenían energía para todo el día. Despertaban cuando salía el sol y se dormían cuando oscurecía. Ningún hijo le pediría la tablet o el teléfono a mamá para jugar antes de ir a la cama porque no existían.

La modernización y el mundo contemporáneo han traído muchos avances

Demasiados; algunos muy buenos, pero otros no tanto. Actualmente, los niños no tienen que hacer el sacrificio de los primeros hombres y niños. Todo está listo para comprar en el supermercado; en casa nos preparan con cariño comidas muy ricas y saludables, pero a nosotros nos encantan las comidas rápidas, de esas que se llaman chatarra o basura, porque no son nutritivas y están superprocesadas, como salchichas, nuggets, patatas fritas y todos los snacks de bolsa que tanto nos gustan, entre otros. Comemos mal: se nos olvidan las frutas y las verduras porque las magdalenas, los bollos y las galletas están más ricas; nos hinchamos de cereales cargados de azúcar y de batidos también muy azucarados y, para completar el lío, no hacemos mucho ejercicio ni estamos expuestos a la luz solar, sino a los videojuegos, y sentados en el sofá mientras comemos chuches.

Tenemos que ser listos y aprovechar los avances de este siglo. No somos neandertales; la modernización nos simplifica la vida. Pero hagamos las cosas bien y apostemos por vivir bien. Tenemos todas las posibilidades a nuestro alcance para ser fuertes y estar llenos de energía, y no es a fuerza de patatas fritas, os lo prometo. Si no tenemos una alimentación natural con frutas, verduras, legumbres, carnes, pescados, lácteos y huevos, nuestro cerebro se quedará menos desarrollado que el de aquellos hombres de la prehistoria. Necesitamos la energía que nos dan estos alimentos para crecer sanos y fuertes, sin olvidar hacer ejercicio y pasar tiempo al aire libre.

Alguna vez no pasa nada por darnos un gusto, claro que no, pero no puede ser la tónica habitual comer mal. ¿Qué pasaría si fuera al revés y ellos nos invitaran a comer a las cavernas? Imagino vuestras caritas si hay que comer venado crudo. Cada época en su época, disfrutemos lo bueno de este siglo. Pero no nos pasemos: con la salud no se juega.

Desafío: «leer las etiquetas»

Desde que aprendemos a leer, leemos todo lo que nos interesa: carteles, revistas que nos gustan, los nombres de los jugadores en las estampas, las recetas de cocina que mamá va a preparar. Necesitamos leer en el cole, al hacer las tareas, en las tiendas para ver dónde están las cosas que buscamos.

—¡Ya está! ¡Lo encontré, mamá! —dice Juan a su madre mientras coge los cereales de la marca que tanto le gusta.

Luego va a por sus galletas rellenas preferidas y, finalmente, coge batidos de chocolate para merendar.

¿Qué ha pasado?, ¿se han dado cuenta? Juan encontró lo que buscaba por dos cosas: porque conoce los envases por las publicidades y los compra a menudo, y porque leyó lo que decía el envase. Sin embargo, se le olvida lo más importante: cada paquete de galletas, batidos o cualquier otro producto empaquetado en el supermercado debe llevar una etiqueta con los ingredientes que contiene. Por ejemplo, si compramos un plátano, no lo necesita porque un plátano es una fruta y ya está; no le han agregado ningún otro ingrediente. Lo mismo ocurre con las patatas o los tomates, que solo son eso.

Un paquete es diferente. Existe la obligación de agregar esta etiqueta para que quienes compren esa mercancía sepan lo que van a comer. ¿Tú la lees?, ¿mamá lee las etiquetas? Juan jamás las leía. Normalmente, nadie las lee, porque pensamos que son galletas y ya está.

Aquí está el desafío que quiero proponerte. Hay etiquetas más complicadas que otras; posiblemente no entendamos los porcentajes de los ingredientes que llevan. Pero es fácil aprender, y hacerlo con un mayor será muy interesante. El primer ingrediente de la lista es el que más contiene de eso. Vamos a intentarlo. Buscamos nuestro batido de leche y chocolate y leemos. El primer ingrediente es azúcar; el siguiente, agua; el siguiente de la lista dice chocolate 10 % y leche 20 %. ¿Cuál es el problema? No hay un problema, solo que yo quiero batido de chocolate y, según esta lista, tiene poco chocolate y poca leche, que es con lo que se hace el batido. ¿Entonces en la caja hay más azúcar y agua que leche y chocolate? Pues sí, así es. Las fábricas utilizan todo lo que necesitan para que su producto sea como ellos quieren, pero para tu salud no es muy sano.

Si llegas a casa y colocas leche en un vaso con una o dos cucharadas de cacao, y una pizca o nada de azúcar, has fabricado el mejor batido del mundo. Tan fácil como esto. Tan simple como leer las etiquetas y, si no llevan lo que nos interesa, mejor lo hacemos en casa, que será más saludable.

¿Te atreves a intentarlo? Te sorprenderá la cantidad de ingredientes extraños que llevan las cosas que comemos: colorantes, espesantes, aromas y muchas cosas más que no son muy recomendables, pero hacen más ricos los productos para que los compremos y comamos.

Juan aprendió a leer las etiquetas. Te animo a que lo hagas también. Luego te sentirás muy afortunado de tener el control de lo que quieres comer para estar fuerte y sano. Sé valiente y no consumas todo lo que el supermercado te quiere vender. Solo consume lo que tu cuerpo necesita. Los productos que no llevan etiqueta de ingredientes son los que más debes comprar: frutas y verduras variadas y de temporada, que te darán todos los nutrientes que tu cuerpo necesita.

Signos y símbolos

Cuando miro carteles o etiquetas, presto atención a los signos; me gusta verlos e interpretarlos porque representan algo. Me parece divertido y muy útil. Así como las personas mudas utilizan el lenguaje de signos para hablar, los signos hacen falta para representar muchas cosas. Hay señales que indican dónde pueden aparcar las personas con discapacidades, ¿las conoces? Las señales de tráfico que deben respetar papá cuando conduce o nosotros, como peatones, para cruzar la senda peatonal. El cartel de no fumar en muchos sitios, el de hacer silencio en los hospitales y muchos más. También existen señales auditivas, ¿para quiénes serán?, ¿por qué pita el semáforo al ponerse en verde? ¿Sabes por qué el suelo es diferente cuando vas a cruzar una calle? Quizás nunca te diste cuenta, pero avisa a los no videntes que están a punto de cruzar y pueden venir coches. ¿Y cómo lo saben? ¿Qué se te ocurre?

En los baños están las señales de hombre y mujer y hay otra, ¿cuál es? Hay miles de señales. ¿Y qué pasa con los símbolos que están dibujados en las cajas de los alimentos? ¿Los conoces?

Teo va al súper, decidido a comprar responsablemente. Han hablado en clase de que todo lo que entre a su boca debe ser bueno.

—¿Qué significa este símbolo? —pregunta a su madre.

Su madre tampoco entiende muy bien, pero leen y averiguan lo que haga falta.

—Mira, Teo, parece que estos símbolos indican a las personas cómo son los alimentos. Este avisa de que tiene gluten, y este otro, de que es libre de gluten. Así una persona intolerante o alérgica puede seleccionar lo que come.

—Esta de aquí es la fecha de caducidad —continúa—. ¿Qué pasa si no la respetamos?

—Podríamos enfermarnos o el producto no tendría todas sus propiedades como cuando está fresco. Es superimportante, Teo, mirar las etiquetas de los ingredientes. En el colegio ya hicieron el desafío de leer etiquetas, pero vamos a ir un paso más allá. Esas galletas que tanto te gustan, ¿qué llevan?

Ambos leen los ingredientes y datos:

- Harina de trigo.
- Azúcar.
- Aceite de palma.
- Cacao.
- Jarabe de azúcar.
- Colorante.
- Manteca vegetal de palma.

—¡Uuuy, qué complicado se pone! —dice mamá—. Y todo esto por ración, quiere decir que con solo cuatro galletas estamos comiendo mucho azúcar y cosas que no son necesarias ni buenas. Ordenan los ingredientes de mayor a menor; si primero está la harina, de eso es lo que más lleva.

Mamá sigue leyendo y dice:

—Fíjate en el azúcar; es el segundo ingrediente. Eso significa que tiene mucha, y si lees mejor, más abajo dice «jarabe de azúcar». Otro descubrimiento: hay más azúcar, pero con otro nombre.

Continúa leyendo y dice

—Y luego ¡aceite de palma! ¿Sabes que es un aceite vegetal que no es bueno para la salud? Y otra nueva sorpresa: si miras bien, más abajo dice «manteca de palma», ¿lo ves? Hay mucha grasa de palma que los niños no deberían consumir.

—¿Y el colorante, mamá?

—Aquí veo dos clases, y no suelen ser buenos. Incluso hay colorantes que ponen nerviosos a los niños.

—Mamá, ¿mejor no las compramos, verdad?

Entusiasmado, Teo busca el zumo que le gusta tanto para su merienda.

—Leamos la etiqueta, mamá.

Lo que descubrimos no nos gustó. La etiqueta decía:

• Con azúcares y edulcorantes (eso iba primero que nada).

• Agua.

• Zumo de fruta 20 %. «Si fuera bueno ese zumo del súper, el árbol daría cajitas con zumo y no naranjas», dijo mamá.

• Jarabe de glucosa y fructosa.

CACAO PURO